프리미어 **스티커 페인팅북** 명화

STICKER
PAINTING BOOK

| 엄철 | 프리미어 스타거 페인팅북 |

초판 1쇄 발행 2021년 2월 15일
초판 6쇄 발행 2024년 8월 19일

기획 베이직코믹출판
일러스트 (주)펄처덤라스
펴낸이 고정호
펴낸곳 베이직북스

주소 서울시 금천구 가산디지털1로 16, SK V1 AP타워 1221호
전화 02) 2678-0455
팩스 02) 2678-0454
이메일 basicbooks1@hanmail.net
홈페이지 www.basicbooks.co.kr
블로그 blog.naver.com/basicbooks_
인스타그램 www.instagram.com/basicbooks_kidsfriends
출판등록 제 2021-000087호

ISBN 979-11-6340-050-9 13600

* 가격은 뒤표지에 있습니다.
* 잘못된 책이나 파본은 구입처에서 교환하여 드립니다.

HOW TO USE
STICKER PAINTING BOOK

❶ 책을 펼쳐 마음에 드는 작품을 골라 보세요. 총 10개의 작품이 실려 있어요.

❷ 절취선을 따라 바탕지와 스티커지를 뜯어내세요.

절취선 ← 바탕지

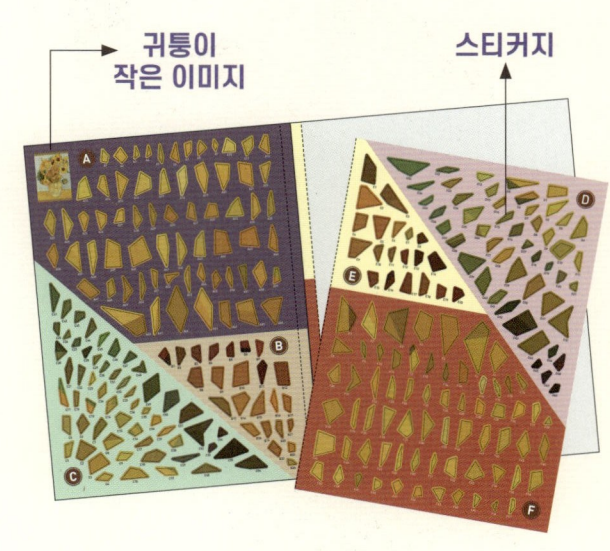

귀퉁이 작은 이미지 / 스티커지

❸ 번호에 맞게 스티커 조각을 찾아 바탕지에 붙여 주세요.
정확하게 붙이고 싶다면 핀셋이나 이쑤시개를 사용해도 좋아요.

❹ 스티커를 다 붙이면 자나 접지주걱으로 밀어 울퉁불퉁한 면을 정리해 주세요.

스티커 붙이기

❺ 와우~ 나만의 작품 완성!
벽에 붙여 두거나 액자에
넣어 방을 꾸며 보세요.

작품 완성

❻ 작품을 감상하며 뒷면의
그림과 관련된 이야기도
읽어 보세요.

그림과 관련된 이야기

CONTENTS

1. 풍경화가의 감정 풍경화
2. 미술관으로 울려 퍼진 풍경 이야기
3. 카드놀이 하는 사람들 풍경화
4. 진주 귀걸이를 한 소녀 요하네스 페르메이르
5. 민중을 이끄는 자유의 여신 외젠 들라크루아

6 **모나리자** 레오나르도 다 빈치
7 **해바라기** 빈센트 반 고흐
8 **피리 부는 소년** 에두아르 마네
9 **이삭 줍는 여인들** 장 프랑수아 밀레
10 **피아노 치는 소녀들** 오귀스트 르누아르

풍로조리냄비 과일 Bouilloire et fruits

폴 세잔 Paul Cézanne | 파스텔 | 48.6 × 60 cm | 개인

세잔이 말년에 그린 대표작. 한 점 한 점 찍어놓은 짧은 붓자국이 정밀한 화가의 관찰력과 다양한 배색을 통해 생생한 효과를 나타내고 있다. 마를르지게 그려진 주전자 주위, 하얀 식탁보 위의 탐스러운 과일이지도, 테이블들에서 얻어내듯이 놓여 있는 것 등 모든 것들이 움직이는 듯한 따스한 느낌을 주고 있다.

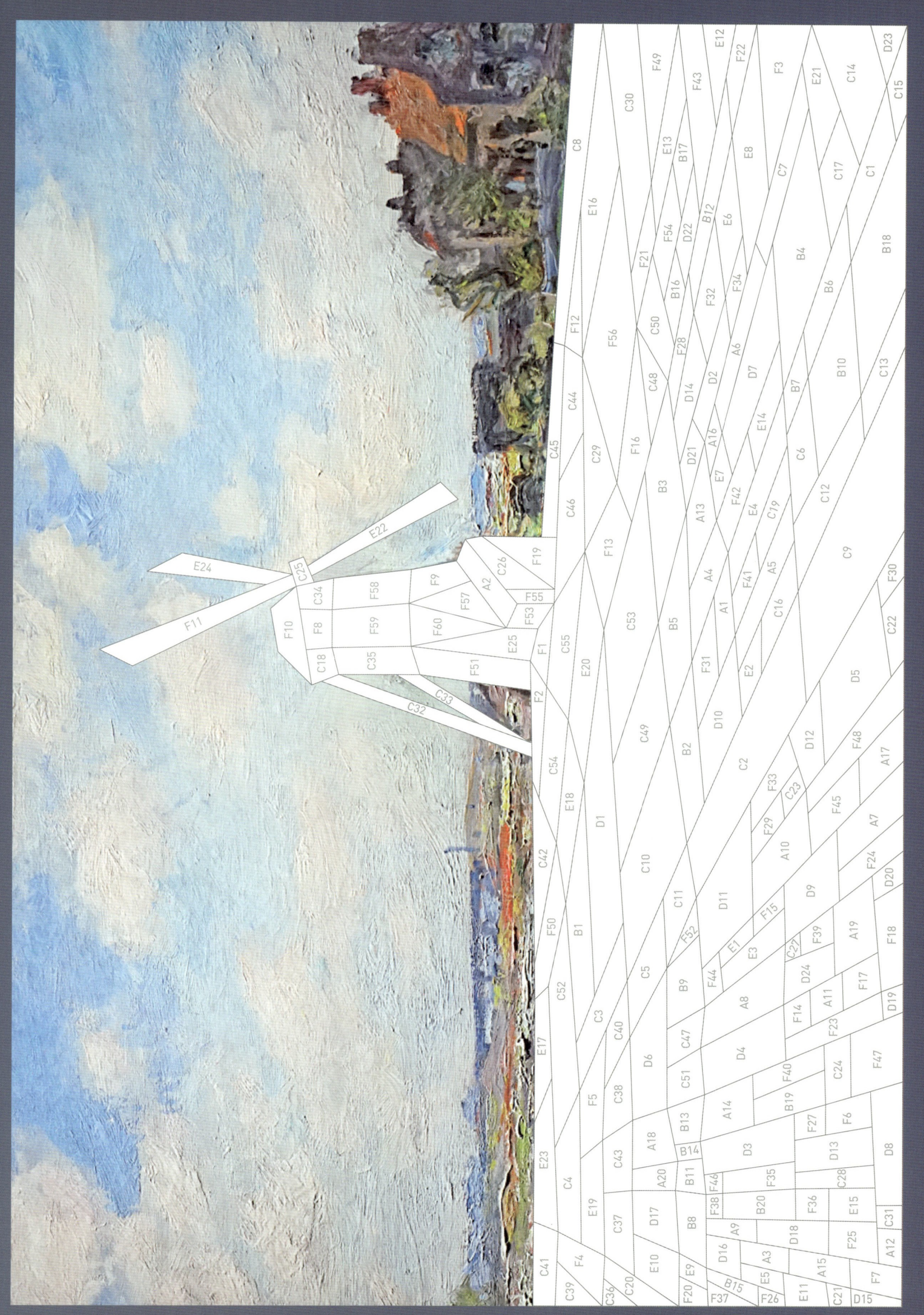

네덜란드의 튤립 밭 Champs de tulipes en Hollande

클로드 모네 Claude Monet | 캔버스에 유채 | 65.5 x 81.5 cm | 오르세 미술관

활동사진 초창기 한 영화 속에서 한 가장이 죽자 그의 부인은 장례절 장면에 시신을 공원에 옮겨놓은 한 풍경화 속에 넣어 안치하는 장면이 있다. 고인의 좋아하던 풍경 속에서, 형형색색의 꽃들로 둘러싸여 있는 이야기인데, 풍경화 한 폭에 이렇게 많은 이야기를 담을 수 있는 건 풍경화라는 그림만이 지닌 매력 덕분이다. 꽃이 가득 피어 있는 그림은 더욱 그러하다.

카드놀이 하는 사람들 Les Joueurs de cartes

폴 세잔 Paul Cézanne | **프랑스** | **47.5 × 57 cm** | **오르세 미술관**

하루 일과를 마치고 테이블 양쪽에 앉아 카드놀이를 하는 사람들의 얼굴에서 배어나는 삶의 무게는 너무나 자연스럽다. 붉은 벽에 빨간 책상보를 깐 붉은 책상에서 색채효과가 드러나며 빈틈없이 짜인 구도 속에서 중요한 선택의 순간인 듯 두 남자는 카드놀이에 열중해 있다. 그들의 지친 얼굴은 사뭇 진지하며 옆에서 보는 사람까지 숨을 멈추게 하는 긴장감이 느껴진다.

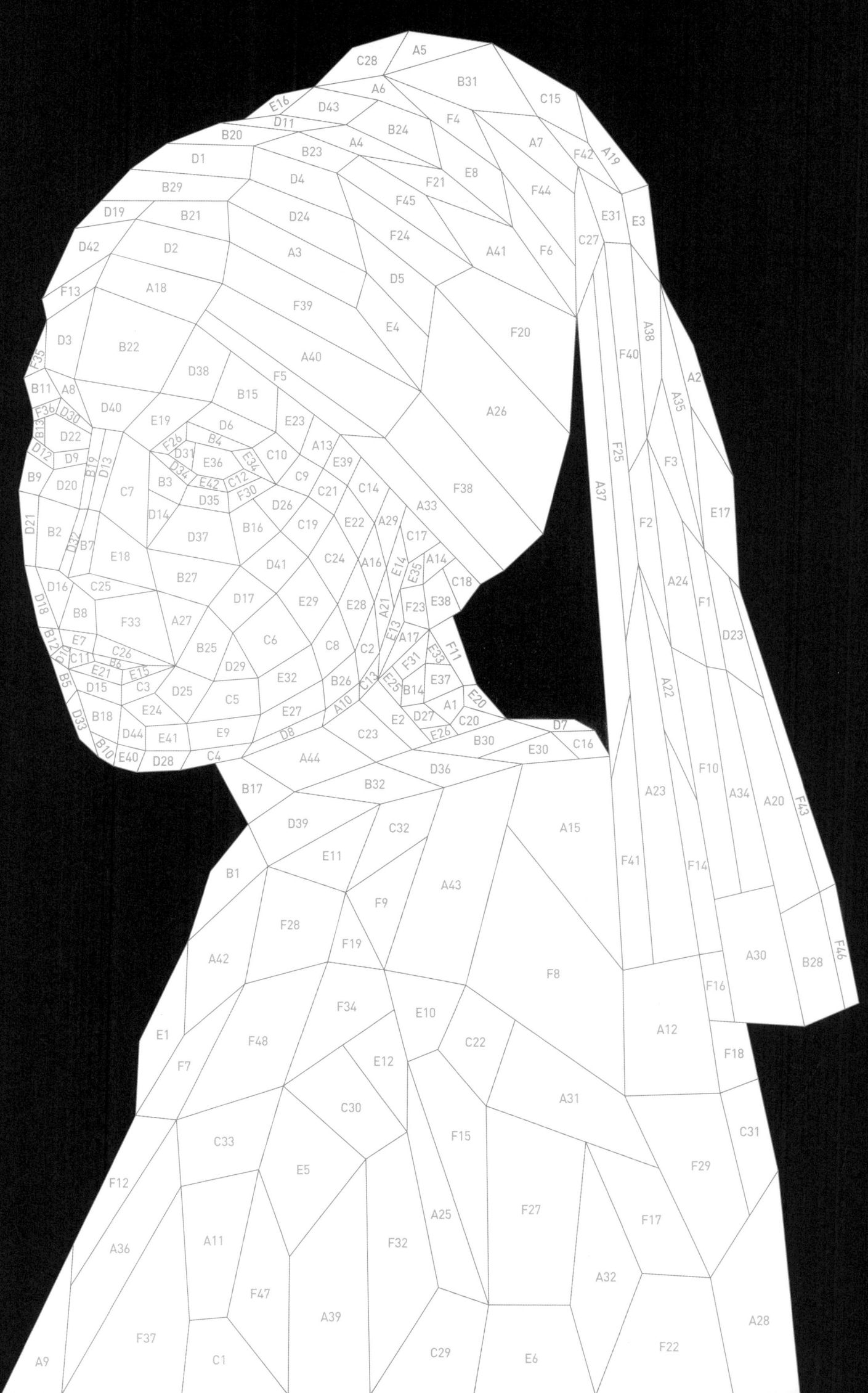

진주 귀걸이를 한 소녀 Girl with a Pearl Earring

요하네스 페르메이르 Johannes Jan Vermeer | 네덜란드 | 44.5 x 39 cm | 마우리츠하위스 미술관

'북유럽의 모나리자' 또는 '네덜란드의 모나리자'라고 불릴 만큼 작품 속 소녀는 아름다운 모습으로 주목받고 있다. 터번을 두르고 있는 소녀의 얼굴에 빛이 향하게 하고 빛의 효과를 사용하여 진주의 윗부분은 밝게 빛나게, 아랫부분은 맑고 투명한 느낌이 드러나게 표현하고 있다. 캔버스 바깥을 보는 듯한 특유의 시선과 표정은 보는 사람들에게 신비감을 자아낸다.

민중을 이끄는 자유의 여신 La Liberté guidant le peuple

외젠 들라크루아 Eugène Delacroix | 프랑스 | 260 x 325 cm | 루브르 박물관

루브르 박물관에서 가장 많은 관람객의 시선을 끄는 작품 중 하나로 샤를 10세가 물러나는 7월 혁명을 기념하기 위해 그린 그림이다. 맨발에 삼색기를 치켜들고 민중을 이끄는 자유의 여신에게서는 역동적인 느낌이 확연하게 드러난다. 왼쪽에 소총을 들고 있는 신사는 화가의 모습을 본떴다고 한다. 시민군의 승리를 염원하는 화가의 마음이 담겨 있는 것이다.

모나리자 Mona Lisa

레오나르도 다 빈치 Leonardo da Vinci | 이탈리아 | 77 × 53 cm | 루브르 박물관

제목에서 모나는 이탈리아어 경칭이고 리자는 초상화의 모델이 된 여인의 이름이다. 레오나르도의 대표 작품이 된 가장 큰 이유는 그가 죽을 때까지 항상 가지고 있었던 그림이기 때문이라고 한다. 이 작품은 볼 때마다 표정이 변하는 수수께끼 같은 신비로운 미소와 눈썹이 없는 얼굴이 특징이다. 다빈치가 그렸다는 것 외에는 그림과 관련된 내용이 정확하게 알려지지 않아 신비감만 깊어지고 있다.

해바라기 Sunflowers

빈센트 반 고흐 Vincent van Gogh | 네덜란드 | 91 × 72 cm | 반 고흐 미술관

'꽃병에 꽂힌 열두 송이 해바라기'라는 이름으로도 불리는 그림으로 꽃병에 'vincent'라는 글자가 쓰여있는 것으로 보아 화가 자신도 이 그림을 마음에 들어 했다는 것을 알 수 있다. 여러 가지 채도의 노란색으로 열두 송이 해바라기를 제각각 다르게 표현하고 있다. 거칠고 두꺼운 붓 터치로 꽃송이마다 다른 질감을 표현하고 있는데 화가의 강렬한 열정이 스며 있는 듯하다.

피리 부는 소년 Le fifre

에두아르 마네 Edouard Manet | 프랑스 | 161 x 97 cm | 오르세 미술관

배경을 생략하고 실물 크기의 소년을 꽉 차게 그린 매우 간결하고 파격적인 초상화이다. 단정한 제복을 입고 검은색 피리를 연주하는 황실 근위대 소년 병사의 앳된 얼굴이 인상적이다. 소년은 정면을 바라보며 오른발로 중심을 잡고 좌우 균형을 이루며 안정된 자세로 연주하는 모습을 취하고 있다. 손과 발 부분을 제외하고는 그림자가 전혀 없는 평면적인 묘사를 하고 있다는 점이 가장 큰 특징이다.

이삭 줍는 여인들 Les glaneuses

장 프랑수아 밀레 Jean-François Millet | 프랑스 | 83.6 x 111 cm | 오르세 미술관

여인들이 허리를 굽히고 추수 후에 남겨진 이삭을 줍고 있는 모습에서 곤궁했던 노동자 계급의 삶이 드러난다. 이와 달리 추수한 곡식을 쌓고 있는 일꾼들, 하늘 높이 쌓인 곡식 더미와 말을 탄 채 일꾼들을 감독하는 지주의 모습은 저 멀리 아주 작고 희미하게 그려져 있다. 이 둘의 대비는 궁핍한 삶을 살아갈 수밖에 없는 농민과 노동자의 처지를 더욱 강조하는 효과가 있다.

피아노 치는 소녀들 Jeunes filles au piano

오귀스트 르누아르 Auguste Renoir | 프랑스 | 116 x 90 cm | 오르세 미술관

그림의 전체적인 색은 붉은색과 노란색으로 따뜻한 분위기를 만들어낸다. 피아노 앞에 앉은 두 소녀의 표정에는 평온함과 온화함이 느껴지며 피아노 연주와 함께 방 안 가득 행복함이 흐른다. 소녀의 풍성한 금발이 포근함을 더해 주며 소녀의 발그레한 볼에서 따뜻함이 전해진다. 커튼과 옷 색깔의 대비로 그림의 아름다움은 더하여지고 독특한 붓 터치로 부드러움이 작품 전체를 감싸고 있다.

프리미어 스티커 페인팅북
STICKERS

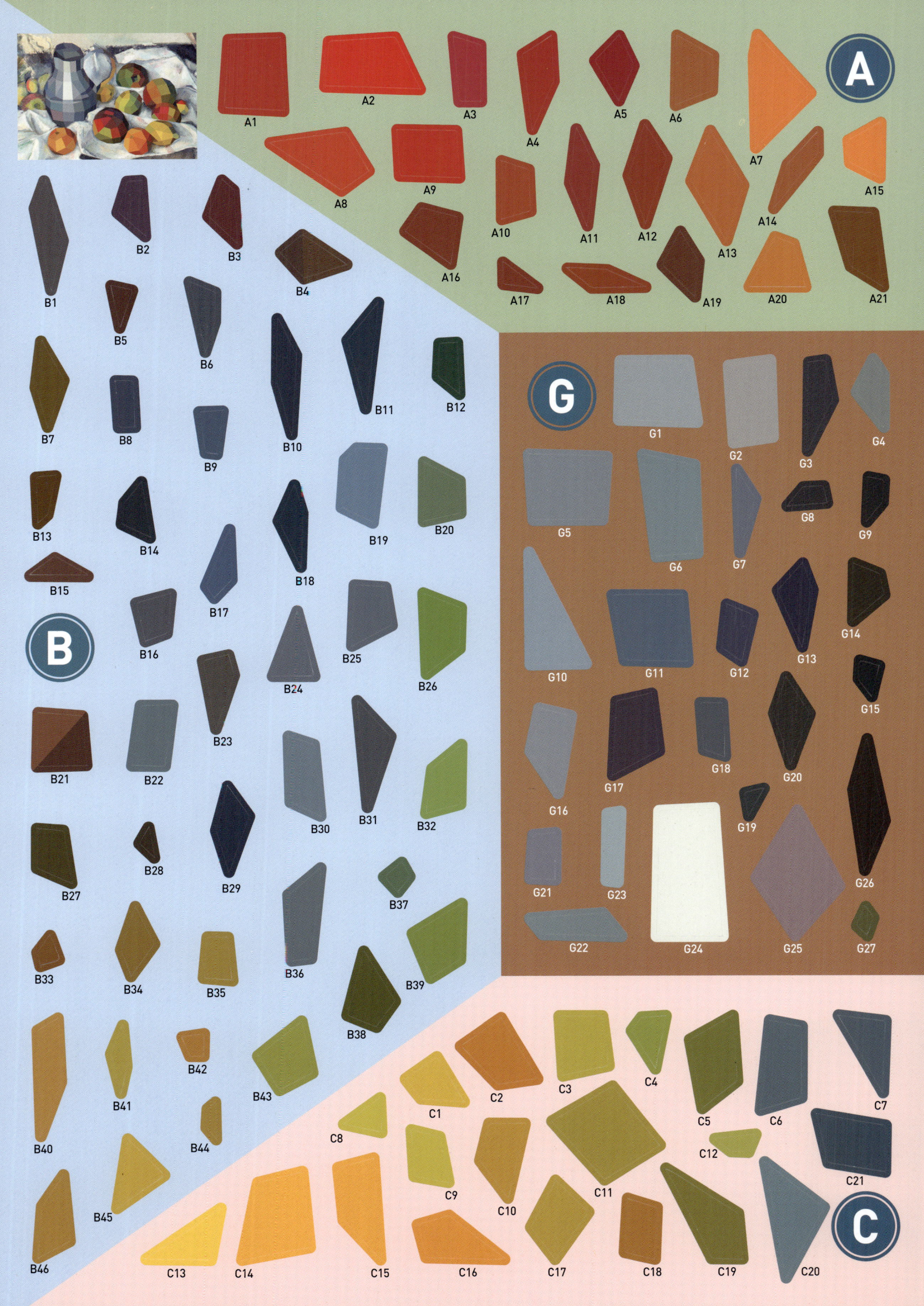

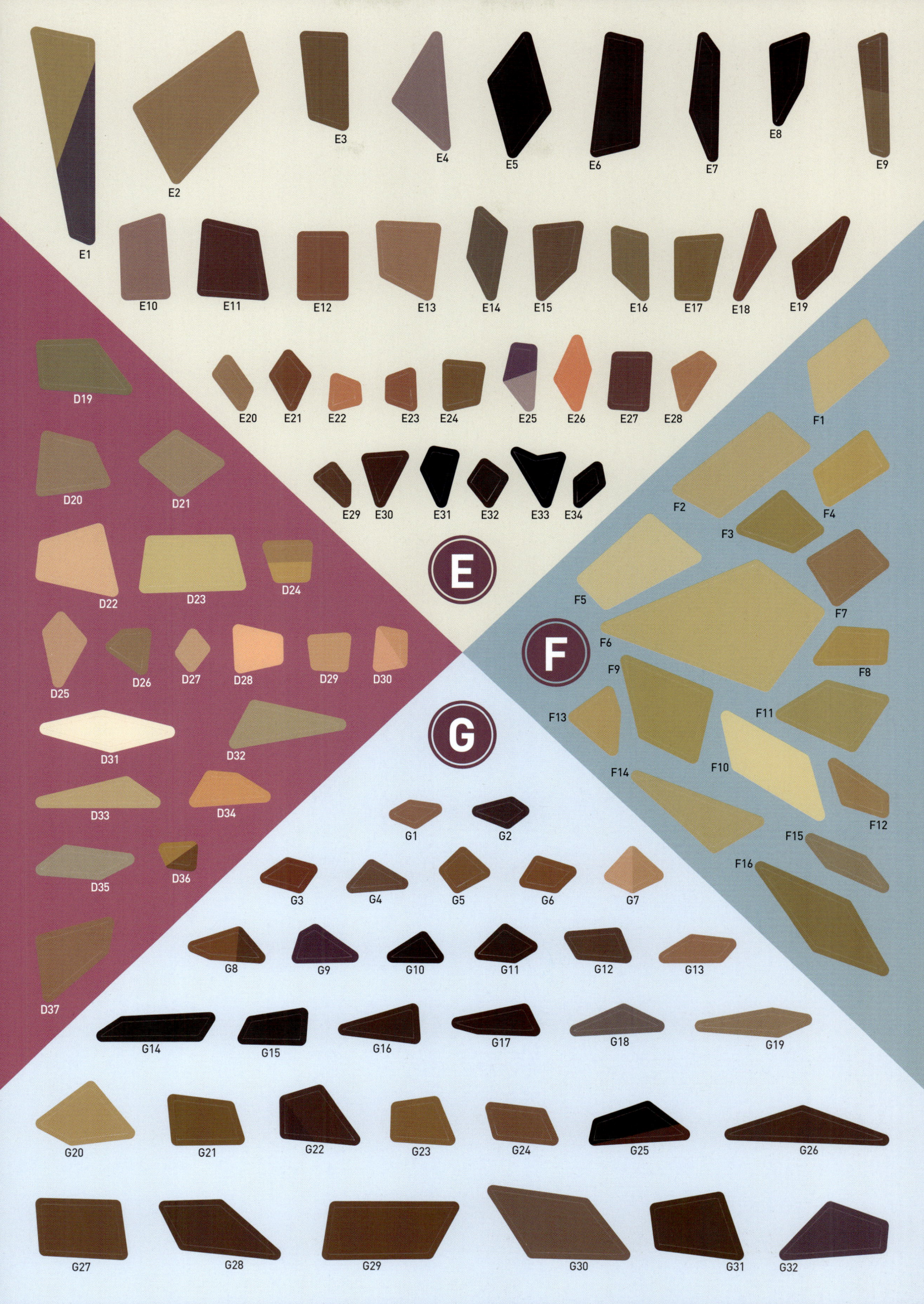

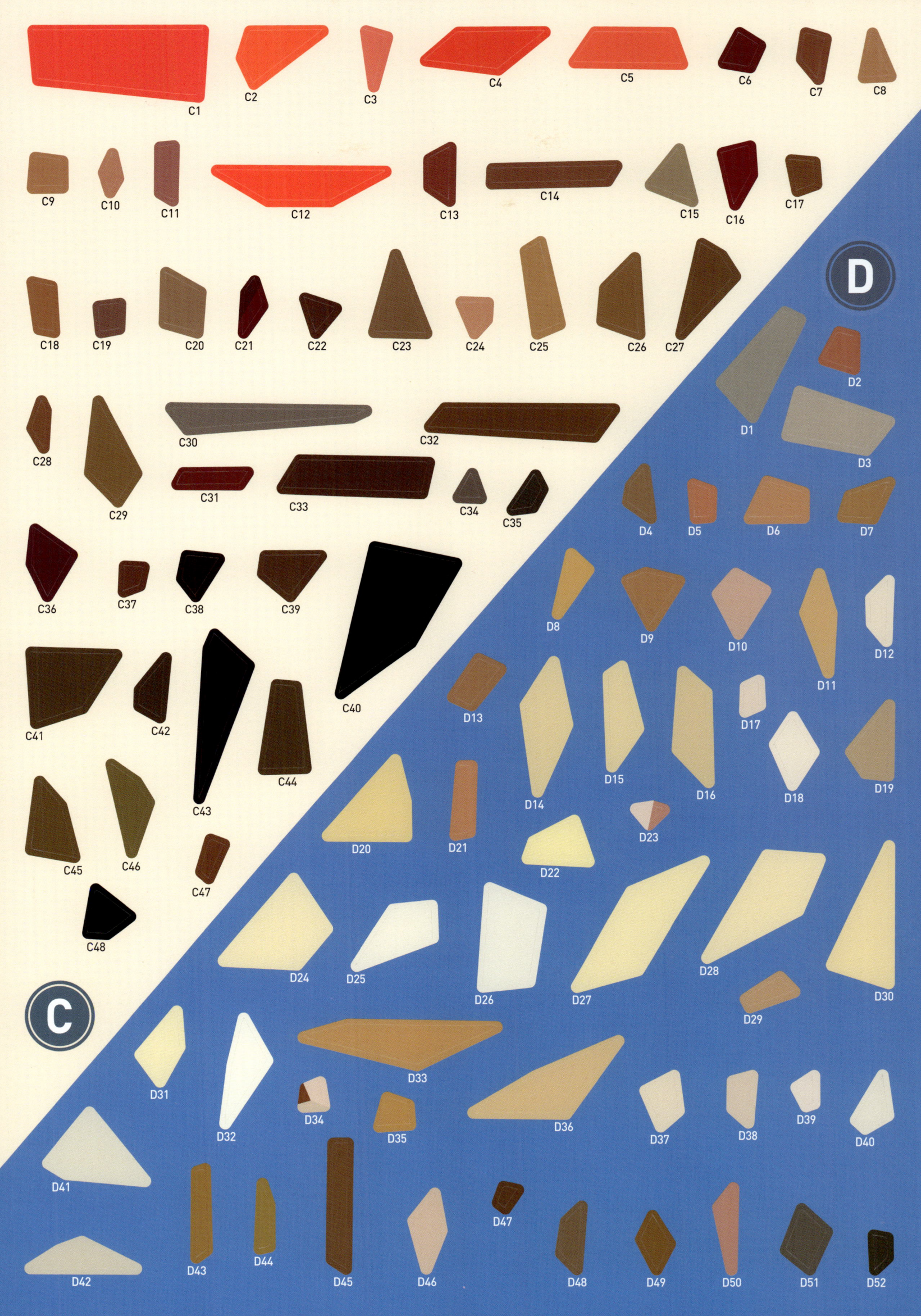

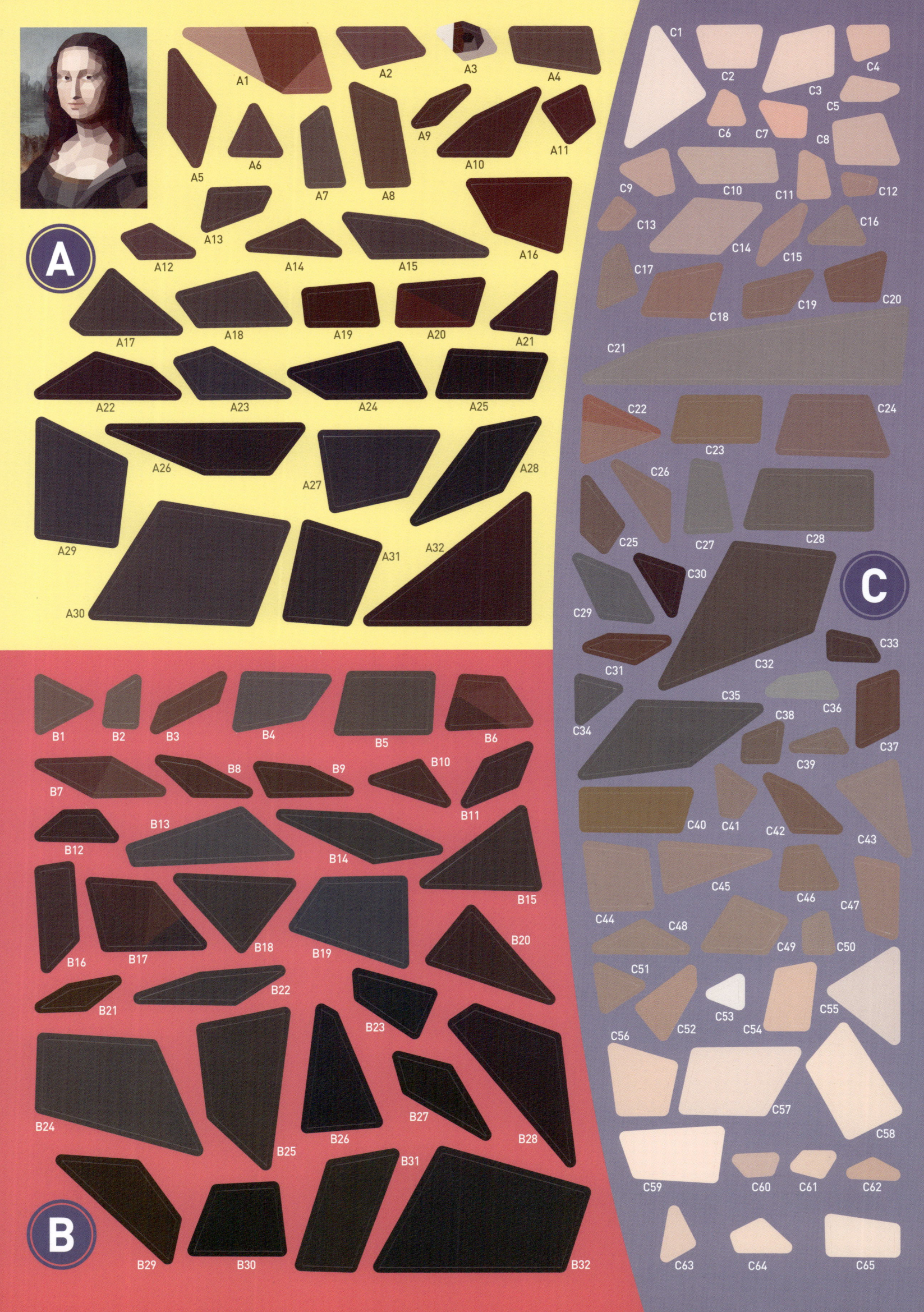

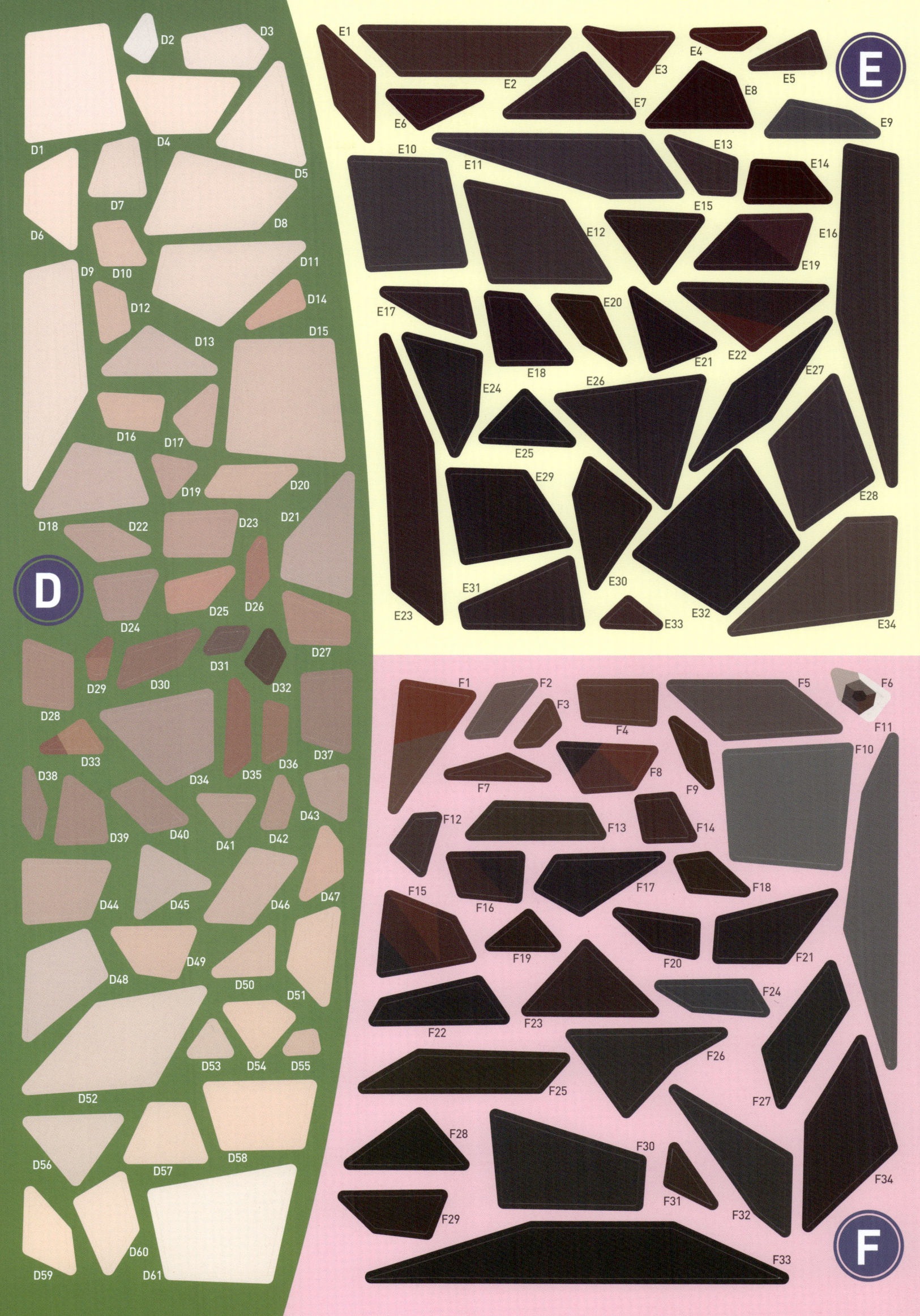

A
A1 A2 A3 A4 A5 A6 A7 A8 A9 A10
A11 A12 A13 A14 A15 A16 A17
A18 A19 A20 A21 A22 A23 A24 A25 A26 A27
B
B1 B2 B3 B4 B5 B6 B7 B8 B9
B10 B11 B12 B13 B14 B15 B16 B17 B18 B19
B20 B21 B22 B23 B24 B25 B26 B27
B28 B29 B30 B31 B32 B33
B34 B35 B36 B37 B38 B39
B40 B41 B42 B43 B44 B45 B46
C
C1 C2 C3 C4 C5 C6 C7 C8 C9 C10 C11 C12 C13 C14 C15 C16 C17 C18 C19 C20
C21 C22 C23 C24 C25 C26 C27 C28 C29 C30 C31 C32 C33 C34 C35 C36
C37 C38 C39 C40 C41 C42 C43 C44 C45 C46 C47 C48 C49 C50 C51 C52

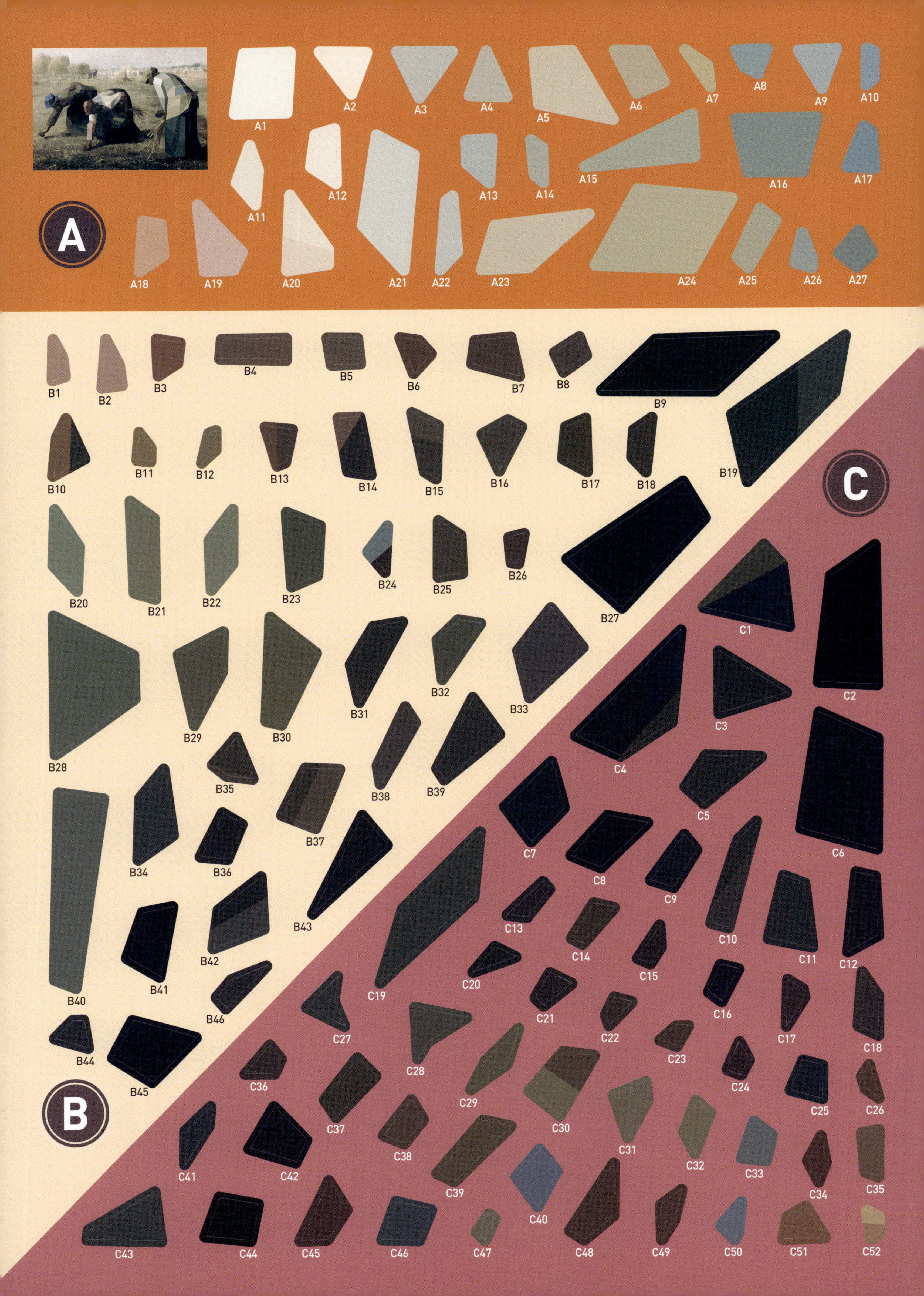

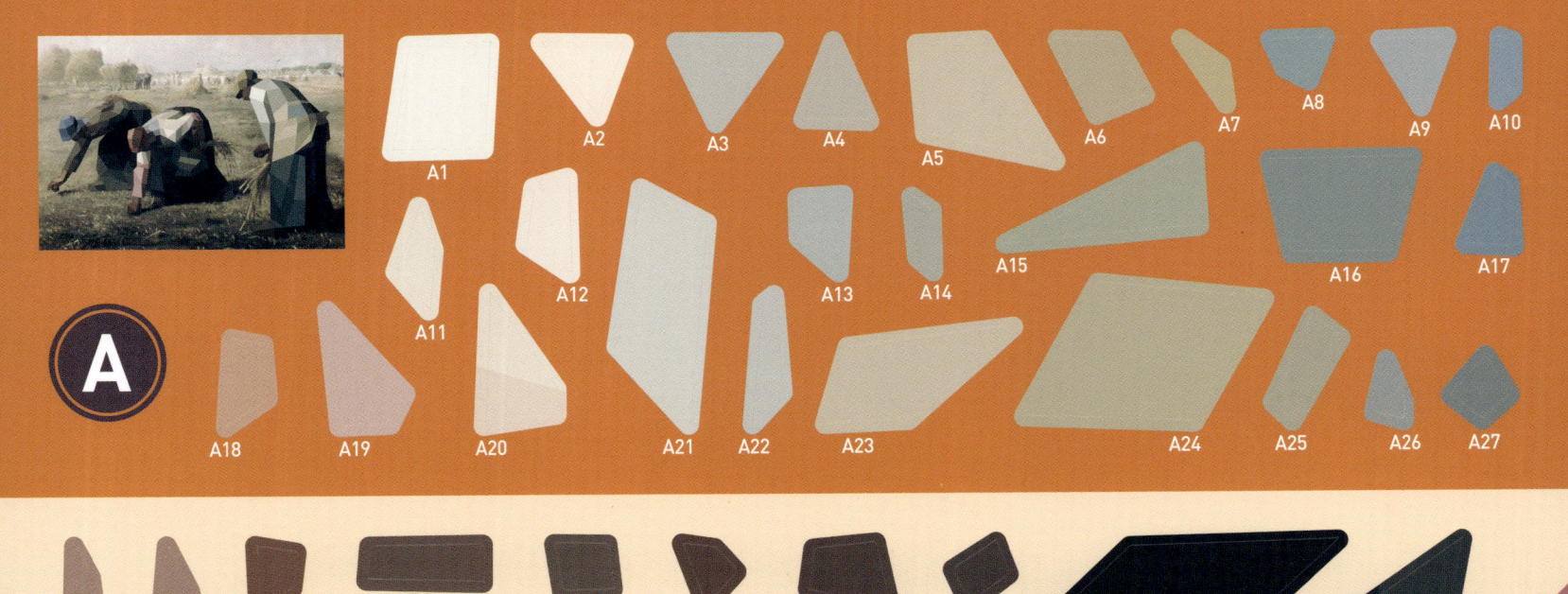

D
D1 D2 D3 D4 D5 D6 D7 D8 D9 D10 D11 D12
D13 D14 D15 D16 D17 D18 D19 D20 D21 D22 D23 D24 D25
D26 D27 D28 D29 D30 D31 D32 D33 D34 D35 D36 D37
E
E1 E2 E3 E4 E5 E6 E7 E8 E9 E10 E11 E12 E13 E14 E15 E16 E17 E18
E19 E20 E21 E22 E23 E24 E25 E26 E27 E28 E29 E30 E31 E32 E33 E34 E35 E36
E37 E38 E39 E40 E41 E42 E43 E44 E45 E46 E47 E48 E49 E50 E51 E52 E53 E54
F
F1 F2 F3 F4 F5 F6 F7 F8 F9 F10 F11 F12 F13 F14 F15 F16 F17 F18 F19
F20 F21 F22 F23 F24 F25 F26 F27 F28 F29 F30 F31 F32 F33 F34 F35 F36 F37 F38
F39 F40 F41 F42 F43 F44 F45 F46 F47 F48 F49 F50 F51 F52 F53 F54 F55 F56 F57

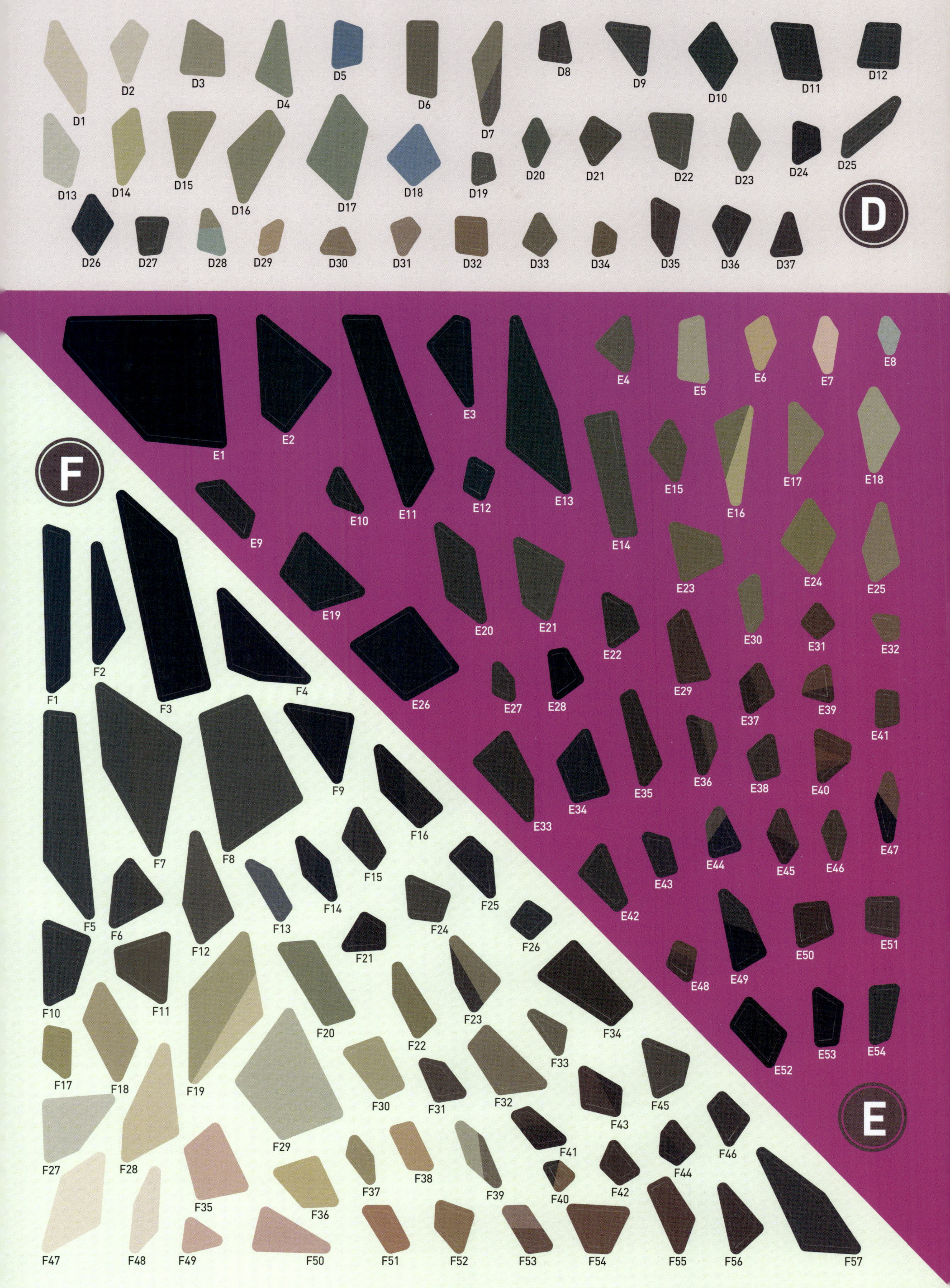

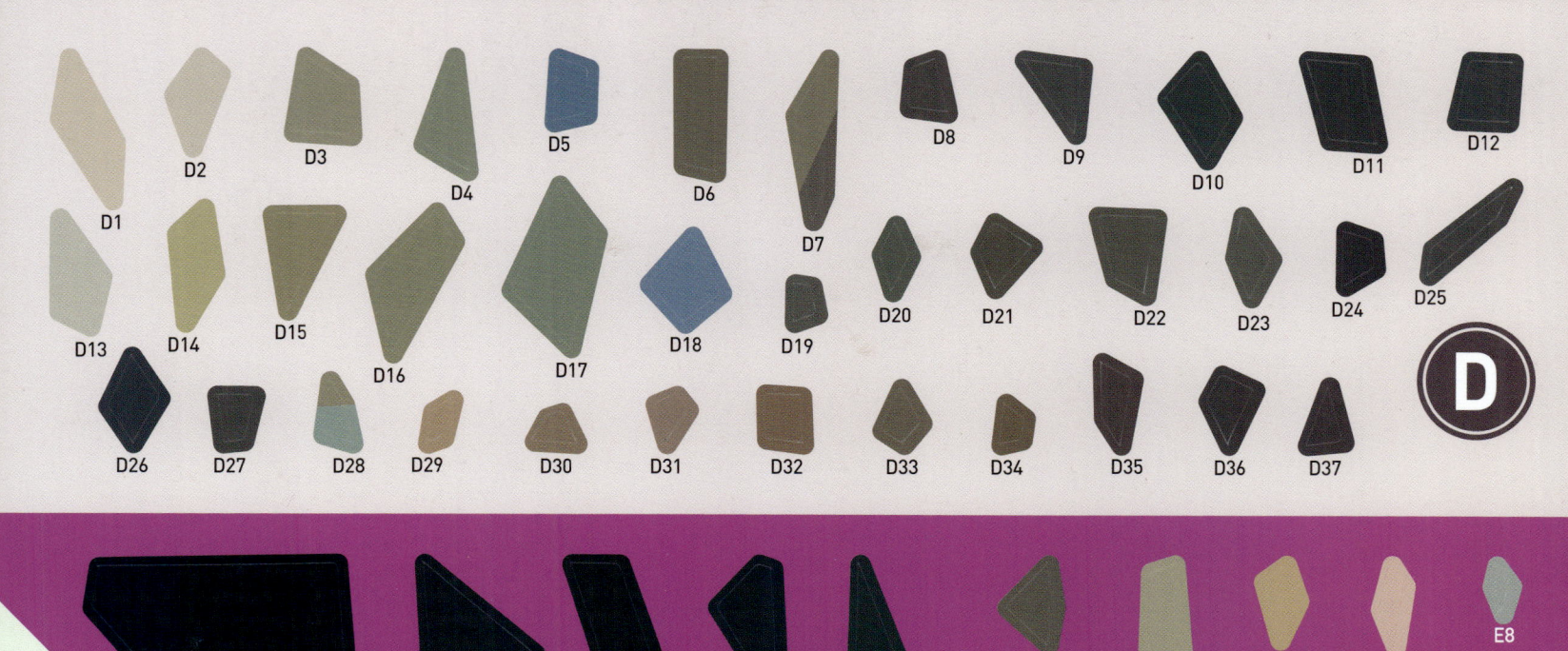

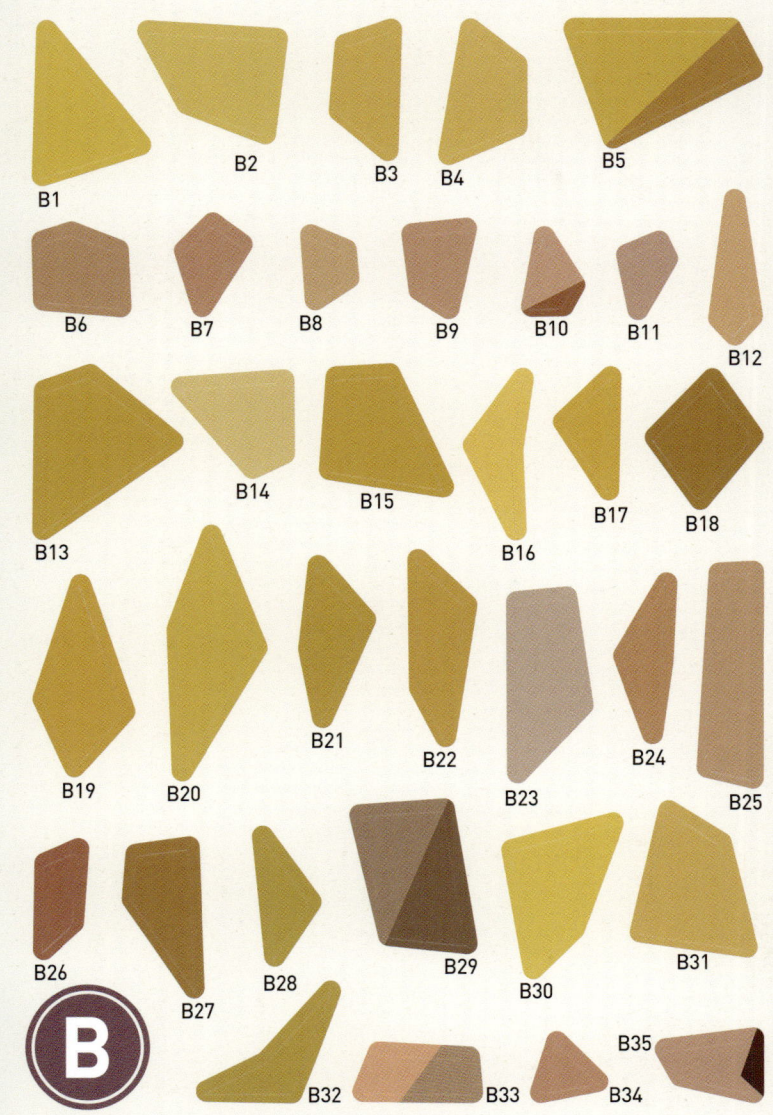

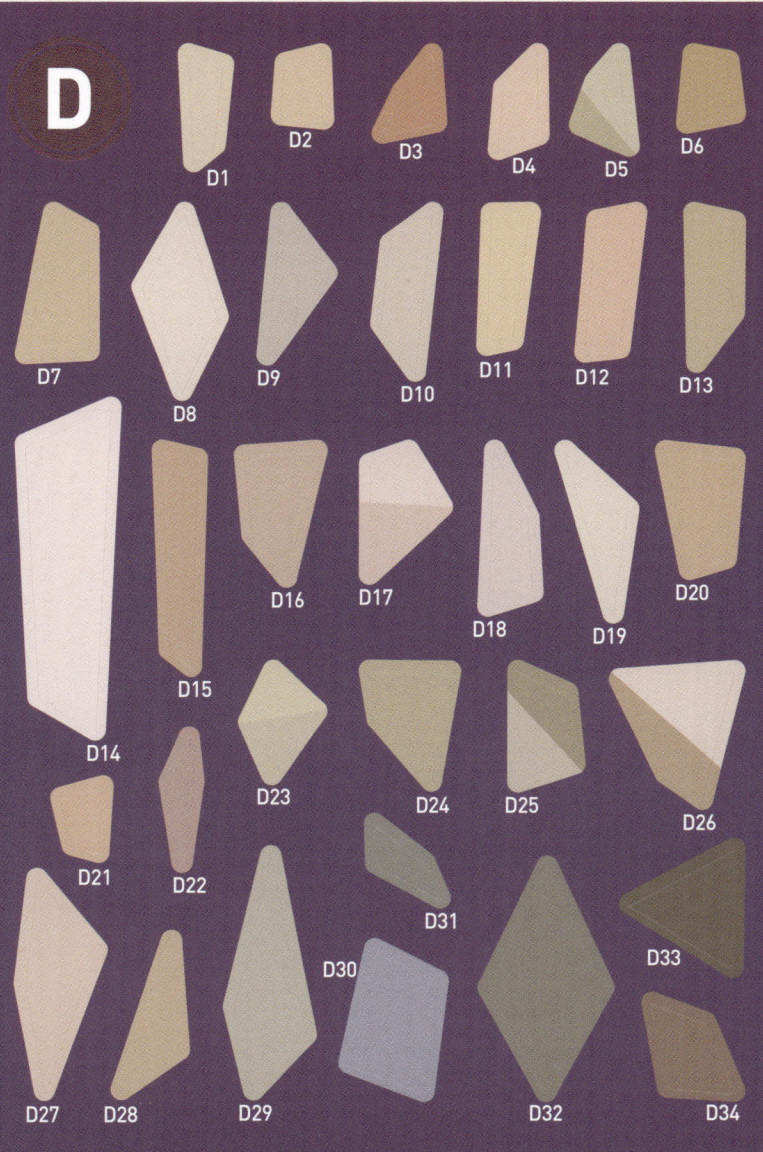

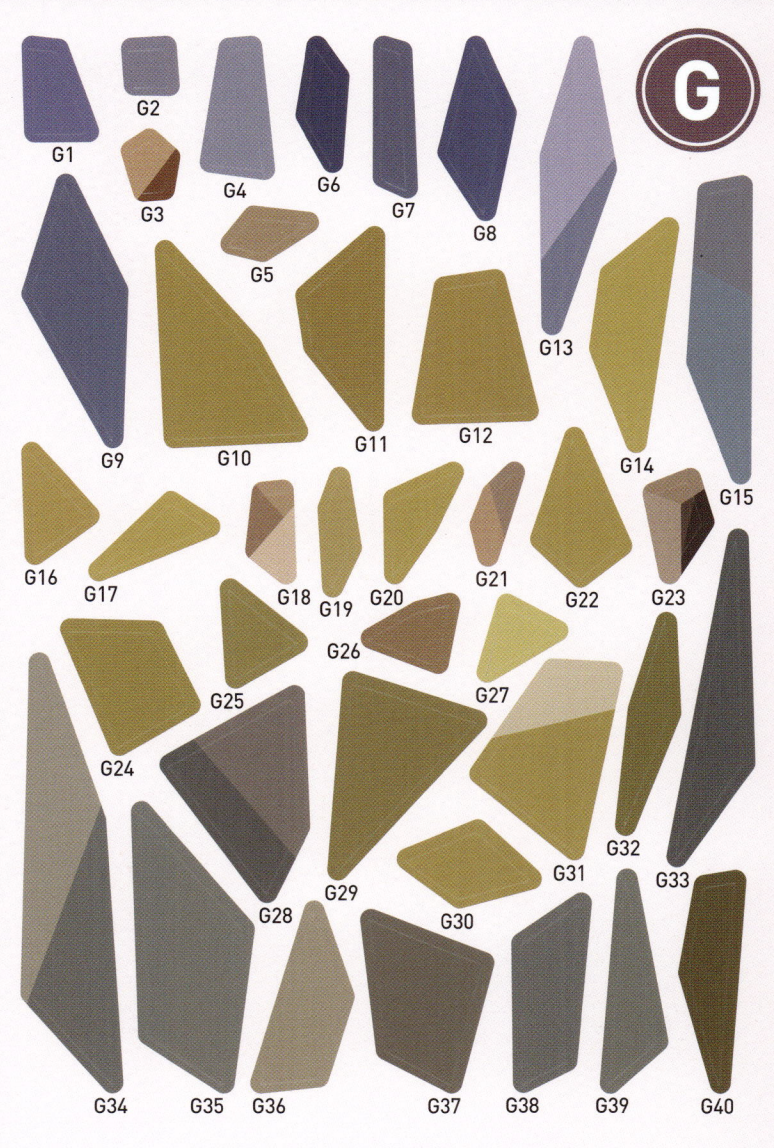
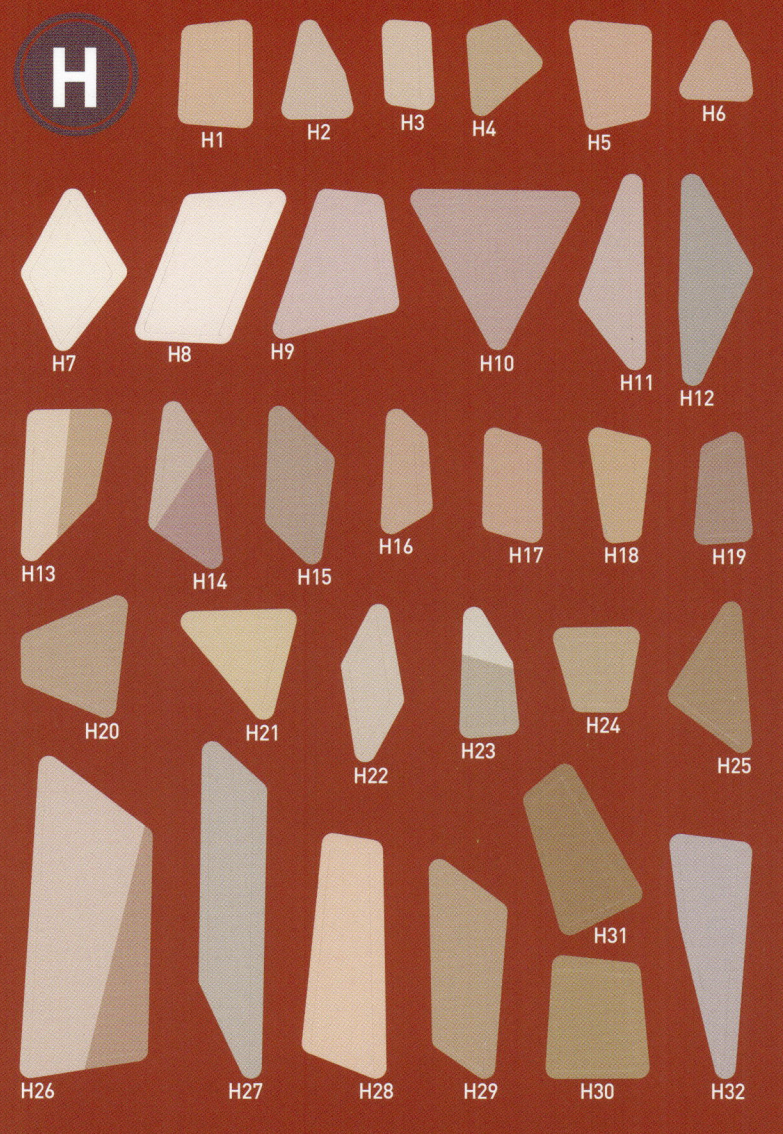